Langensche

Wie heißt das?

Die 1.000 ersten deutschen Wörter

Langenscheidt

München · Wien

Projektleitung: Evelyn Glose

Redaktionelle Mitarbeit: Patricia de Crignis, Lena Kallsen

Zeichnungen: Katrin Merle
Grafiken Münzen S. 34-35 oben: janvier/fotolia
Grafiken Geldscheine S. 35-36 oben: Julydfg/fotolia

Landkarten: Bildungshaus Schulbuchverlage Westermann Schroedel Diesterweg
Schöningh Winklers GmbH, Braunschweig

Ergänzende Hinweise, für die wir jederzeit dankbar sind, bitten wir zu richten an:
Langenscheidt Verlag, Postfach 40 11 20, 80711 München
redaktion.wb@langenscheidt.de

© 2016 Langenscheidt GmbH & Co. KG, München
Layout: Anja Dengler, Werkstatt München GbR
Satz: Franzis print & media GmbH, München
Druck und Bindung: Druckerei C. H. Beck, Nördlingen
Printed in Germany
ISBN 978-3-468-29837-0

16011

nhalt

die Erstaufnahme

die Unterkunft

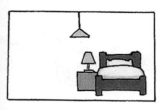

das Einzelzimmer

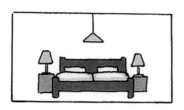

das Doppelzimmer

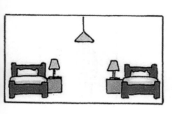

das Zweibettzimmer

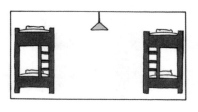

das Mehrbettzimmer

das Kopfkissen ——————

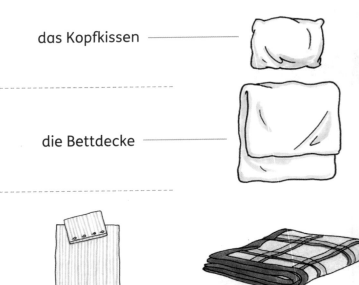

die Bettdecke ——————

der Bettbezug

die Decke

der Nachbar

der Aufzug

die Bewohner-
versammlung

der Hausmeister

kaputt

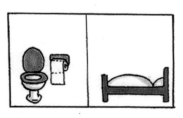

das Zimmer mit Bad

die Badewanne

die Dusche

das Waschbecken

das Handtuch

das warme Wasser

das kalte Wasser

das Trinkwasser

kein Trinkwasser

der Balkon

die Toilette

die Damentoilette

die Herrentoilette

rauchen

nicht rauchen

der Schlüssel

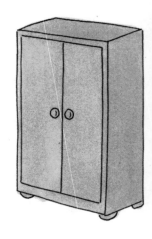

der Schrank

das WLAN

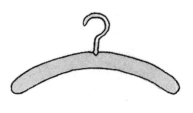

der Kleiderbügel

das Sofa

der Sessel

der Teppich

die Blume

die Vase

das Bild

der Bilderrahmen

die Lampe

die Glühbirne

der Fernseher

die Satellitenschüssel

die Steckdose

der Stecker

das Verlängerungskabel

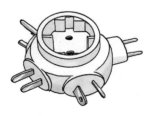

der Mehrfachstecker

der Kühlschrank

der Herd

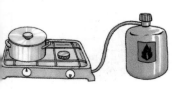

der Gaskocher

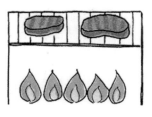

der Grill

der Wickeltisch

die Waschmaschine

der Wäscheständer

das Bügeleisen

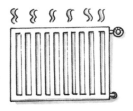

die Heizung

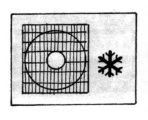

die Klimaanlage

der Ventilator

der Mülleimer

die Verpackung

die gelbe Tonne

der Biomüll

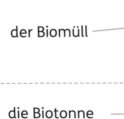 

die Biotonne

das Altpapier

die Papiertonne

der Restmüll

die Restmülltonne

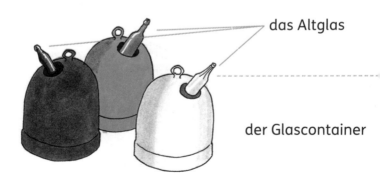

das Altglas

der Glascontainer

das Flugzeug

der Check-in-Schalter

der Check-in-Automat

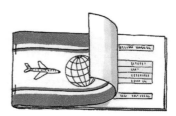

das Flugticket

die Bordkarte

der Reisepass

der Koffer

der Rucksack

der Zug

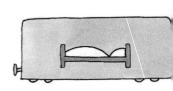

der Schlafwagen

der Fahrkartenschalter

die Fahrkarte

die Information

der Informationsschalter

das Schiff

die Fähre

die Barkasse

der Bus

die U-Bahn

die S-Bahn

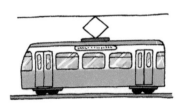

die Straßenbahn

das Taxi

das Auto

der Reifen

die Schneeketten

der Autoschlüssel

der Airbag

der Kindersitz

das Navi(gationsgerät)

die Tankstelle

der Parkplatz

der Parkscheinautom

das Motorrad

der Motorroller

der Helm

der Führerschein

das Fahrrad

das Fahrradschloss

die Luftpumpe

der Fahrradkorb

der Fahrradsitz

der Kinderwagen

der Regenschirm

die Handtasche

die Straße

der Weg

die Brücke

der Kreisverkehr

der Fahrradfahrer   der Fußgänger

die Fußgängerin

der Fahrradweg   der Gehweg

rechts abbiegen

links abbiegen

wenden

geradeaus

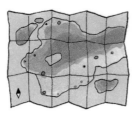

die Landkarte

der Stadtplan

lieben

verheiratet

lesbisch

schwul

groß/klein

dick/dünn

3 Familie und Freunde

der Großvater

die Großmutter

die Großeltern

der Onkel

die Tante

die Mutter

der Cousin

die Schwester

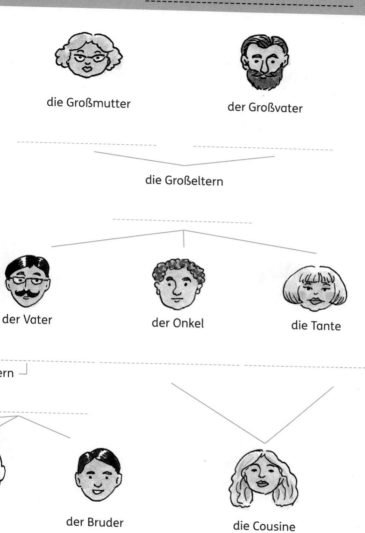

die Großmutter

der Großvater

die Großeltern

der Vater

der Onkel

die Tante

Eltern

der Bruder

die Cousine

die Geschwister

blind

taub

stumm

sich begrüßen

sich umarmen

teilen

schenken

tauschen

Ja

Nein

fröhlich

traurig

ängstlich

wütend

Danke

die Bank

das Geld

die Kreditkarte

der Bankautomat

die Bankkarte

ein Cent

zwei Cent

fünf Cent

zehn Cent

zwanzig Cent

fünfzig Cent

ein Euro

zwei Euro

fünf Euro

zehn Euro

zwanzig Euro

fünfzig Euro

hundert Euro

zweihundert Euro

fünfhundert Euro

der Geldbeutel

Was kostet ...?

kaufen

das Bekleidungsgesch

geschlossen

offen

der Supermarkt

der Einkaufswagen

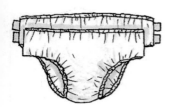

die Windel

der Schnuller

die Babyflasche

der Bäcker

der Obst- und
Gemüsehändler

der Optiker

die Brille

der Friseur

der Markt

die Buchhandlung

der Metzger

der Getränkemarkt

der Juwelier

die Halskette

der Armreif

das Armband

die Uhr

die Ohrringe

der Ring

der Waschsalon

as Spielwarengeschäft

das Kuscheltier

die Puppe

das Spielzeugauto

der Flohmarkt

Hunger haben

Durst haben

das Frühstück

das Müsli

die Cornflakes

die Milch

die Sojamilch

der Joghurt

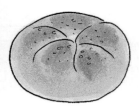

das Brötchen

die Brezel

das Toastbrot

der Bagel

das Croissant

crossont

der Pancake

pancake

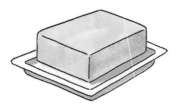

die Butter

butter

der Käse

cheese

die Salami

Salami

der Schinken

Schichen

der Honig

nunny

die Marmelade

Jam

das Ei

egs

das Spiegelei

fried egg

das Rührei

scrambled egs

das Omelett

Omlett

das Mittagessen

das Abendessen

das Weißbrot

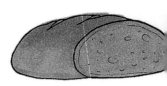

das Vollkornbrot

das Knäckebrot

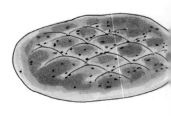

das Fladenbrot

die Pita

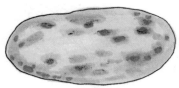

das Naan

die Folienkartoffel

die Bratkartoffeln

die Pommes

die Spaghetti

die Spiralnudeln

die Tortellini

der Reis

der Grieß

der Couscous

das Falafel

die Suppe

der Salat

die Mezze

das Sandwich

die Gewürzgurke

der Burger

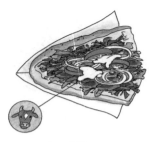

der Döner

der Wrap

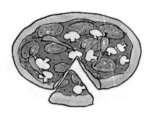

die Pizza

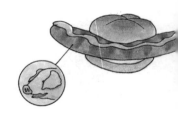

die Bratwurst

der Fleischspieß

der Tofu

die Köfte

das Sushi

viel/wenig

der Kuchen

die Sahne

das Baklava

der Keks

das Eis

der Pudding

die Schokolade

der Schokoriegel

das Bonbon

das Leitungswasser

das Mineralwasser

die Karaffe Wasser

der Saft

die Cola

der Eiswürfel

der Strohhalm

die Tasse Kaffee

der Espresso

der Tee

der grüne Tee

der schwarze Tee

der Teebeutel

der Zucker

die Milch

der Kakao

das helle Bier

das dunkle Bier

der Weißwein

der Rosé

der Rotwein

der Sekt

der Schnaps

der Cocktail

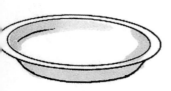

der Teller

die Schüssel

die Serviette

das Messer

die Gabel

der Löffel

der Teelöffel

die Stäbchen

die Tasse

das Glas

das Weinglas

das Sektglas

die Flasche

der Topf

der Kochlöffel

die Pfanne

die Auflaufform

der Toaster

die Rührschüssel

der Schneebesen

der Handmixer

das Sieb

das Backblech

das Salatbesteck

der Zahnstocher

der Dosenöffner

der Korkenzieher

der Flaschenöffner

kochen

braten

backen

grillen

das Öl

der Essig

das Salz

der Pfeffer

das Paprikapulver

das Chilipulver

das Currypulver

die Sojasoße

das Ketchup

die Chilisoße

das Ajvar

der Apfel

die Birne

die Banane

die Kirsche

die Erdbeere

die Pflaume

der Pfirsich

die Aprikose

die Trauben

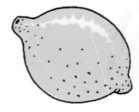

die Zitrone

die Limette

die Orange

die Pampelmuse

die Wassermelone

die Honigmelone

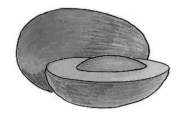

die Mango

die Kiwi

der Granatapfel

die Ananas

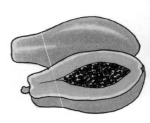

die Papaya

die Kokosnuss

die Passionsfrucht

die Mangostan

die Drachenfrucht

die Sternfrucht

die Feige

die Datteln

die Haselnüsse

die Walnüsse

die Mandeln

die Erdnüsse

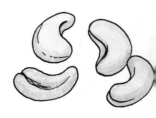

die Cashewnüsse

die Pistazien

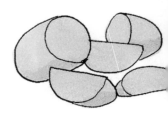

die Kartoffel

die Süßkartoffel

die Tomate

die Aubergine

der/die Paprika

die Spitzpaprika

die Peperoni

die Gurke

die Zucchini

der Kürbis

der Weißkohl

der Brokkoli

der Blumenkohl

der Chinakohl

die Karotte

der Rettich

das Radieschen

die Zwiebel

der Lauch

die Lauchzwiebel

der Knoblauch

der Fenchel

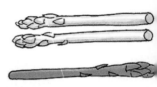

der Spargel

der Mais

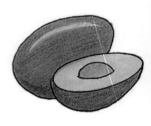

die Avocado

die Artischocke

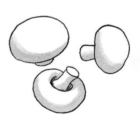

die Champignons

der giftige Pilz

die Morcheln

die grünen Bohnen

die Kidneybohnen

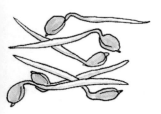

die Sojasprossen

die Kichererbsen

die Erbsen

die Linsen

die schwarzen Oliven

die grünen Oliven

der Ingwer

das Rind

das Kalb

das Schwein

der Hirsch

die Ziege

das Lamm

das Kaninchen

das Pferd

das Huhn

der Truthahn

die Gans

kein / nicht …

der Fisch

die Sardinen

der getrocknete Fisch

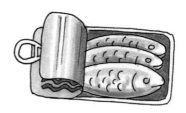

der Dosenfisch

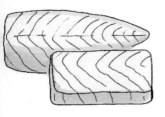

das Fischfilet

die Muscheln

der Krebs

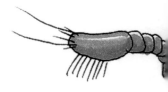

die Garnele

der Tintenfisch

der Frosch

die Schnecke

das Fleisch

das Steak

das Würstchen

das Brathähnchen

der Hähnchenschenkel

das Putenschnitzel

das Hackfleisch

die Innereien

----

die Nieren   das Hirn

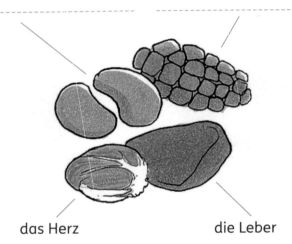

das Herz   die Leber

das Hemd

die Bluse

das T-Shirt

der Pullover

der Rock

das Kleid

die Jeans

die kurze Hose

der Gürtel

der Anorak

die Regenjacke

die Jacke

das Jackett

die Krawatte

der Kimono

der Sarong

der Sari

der Poncho

die Mütze

die Kappe

das Kopftuch

der Schal

die Handschuhe

der Schlafanzug

die Socken

die Strumpfhose

die Unterhose

der BH

der Badeanzug

die Badehose

die Turnschuhe

die Schuhe

die Pumps

die Sandalen

die Flipflops

die Wanderschuhe

die Gummistiefel

die Stiefel

die Kleiderkammer

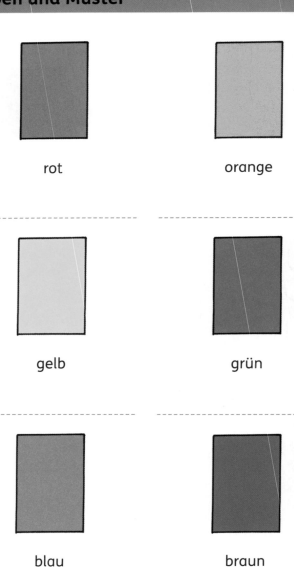

rot

orange

gelb

grün

blau

braun

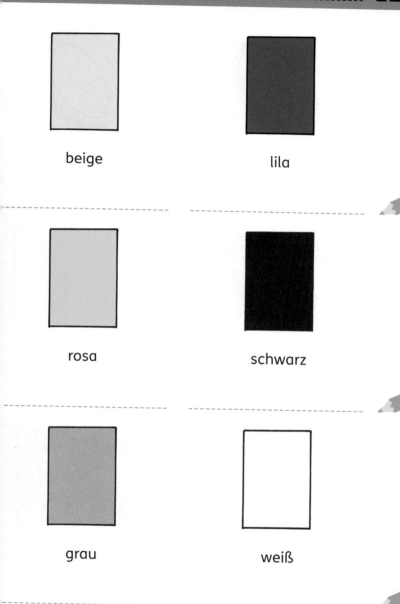

beige

lila

rosa

schwarz

grau

weiß

das Gold

das Silber

die Bronze

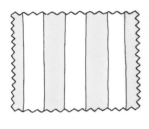

gestreift

kariert

gemustert

die Zahnbürste · die Zahnpasta

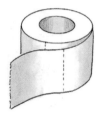

das Toilettenpapier · das Taschentuch

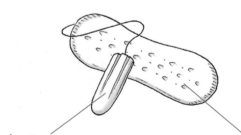

der Tampon · die Damenbinde

die Seife

das Duschgel

das Shampoo

das Deo

das Parfüm

die Creme

das Kondom

der Föhn

die Haarbürste

der Kamm

das Haargel

das Haarspray

der Rasierapparat

der Rasierpinsel

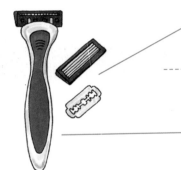

die Rasierklinge

der Rasierer

die Pinzette

der Nagelknipser

die Nagelfeile

die Wimperntusche

der Lippenstift

die Kontaktlinse

ie Kontaktlinsenlösung

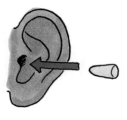

der Ohrstöpsel

der Körper

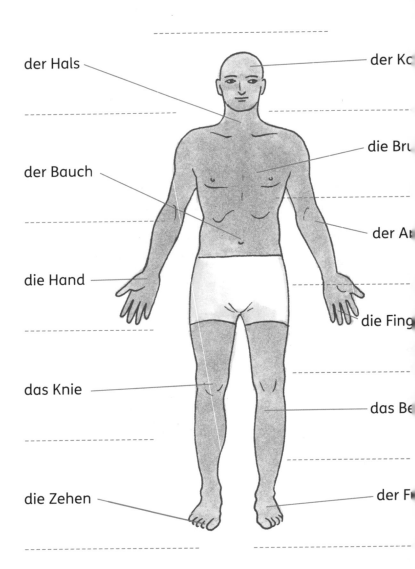

der Hals

der Bauch

die Hand

das Knie

die Zehen

der Ko

die Bru

der A

die Fing

das Be

der F

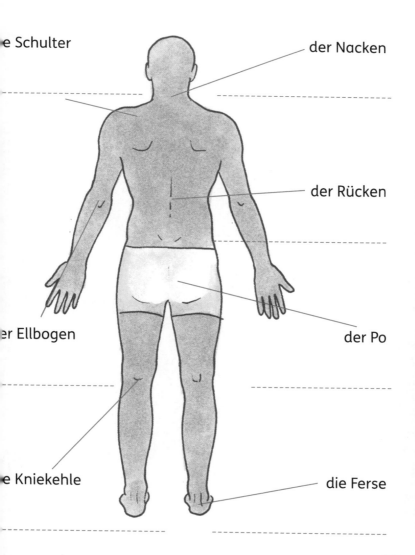

e Schulter

der Nacken

der Rücken

er Ellbogen

der Po

e Kniekehle

die Ferse

die Organe

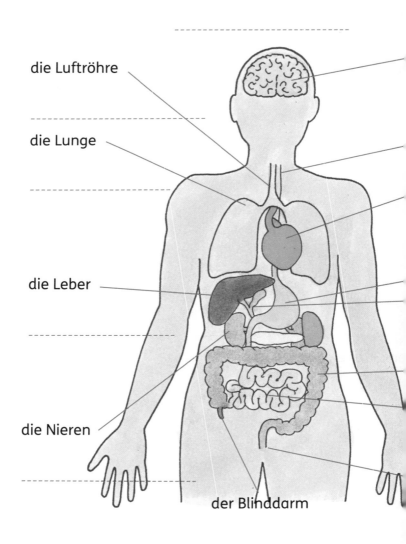

die Luftröhre

die Lunge

die Leber

die Nieren

der Blinddarm

das Gehirn

die Speiseröhre

das Herz

der Magen

die Gallenblase

der Dickdarm

der Dünndarm

der Enddarm

die Spritze

impfen

Blut abnehmen

Aids

die Verbrennung

der Sonnenbrand

der Durchfall

die Verstopfung

erbrechen

der Schwindel

schwitzen

frieren

der Heuschnupfen

der Mückenstich

der Wespenstich

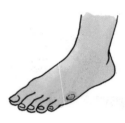

die Warze

die Mullbinde

das Pflaster

die Salbe

die Tabletten

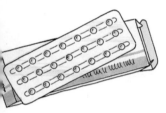

die Pille

die Tropfen

das Fieberthermometer

die Atemnot

der Herzinfarkt

die Operation

die Krücken

der Gips

der Rollstuhl

der Arzt, die Ärztin

der Zahnarzt

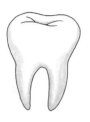

der Zahn

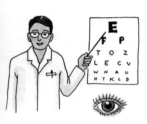

der Augenarzt

die Kinderärztin

der Psychologe

der Patient

die Feuerwehr

der Feuerlöscher

der Krankenwagen

der Hubschrauber

das Krankenhaus

die schwangere Fra

das Baby

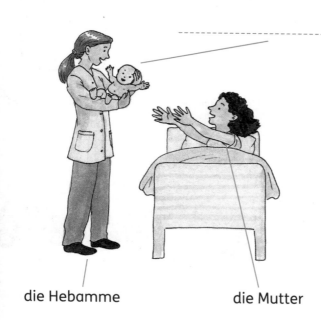

die Hebamme   die Mutter

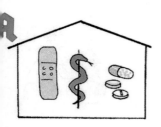

die Apotheke

das Rezept

die Wärmflasche

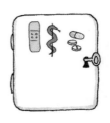

die Hausapotheke

die Polizei

der Autounfall

der Raubüberfall

der Diebstahl

der Anwalt

die Ausländerbehörde

das Formular

der Stempel

das Konsulat

das Handy

der Empfang

der volle Akku

der leere Akku

das Ladekabel

die SIM-Karte

Skype

das Telefon

as öffentliche Telefon

das Internetcafé

der/das Laptop

das WLAN

die E-Mail-Adresse

die CD-ROM

der USB-Stick

das USB-Kabel

die Post

der Briefkasten

der Brief

der Briefumschlag

die Briefmarke

das Papier

die Postkarte

das Paket

die Kirche

die Moschee

der Tempel

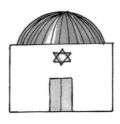

die Synagoge

christlich

muslimisch

hinduistisch

buddhistisch

jüdisch

orthodox

die Bibel

der Koran

fasten

der Ramadan

der Gebetsteppich

das Meer

the sea

surfen

surfing

das Motorboot

speed boat

der Strand

beach

die Sonnencreme

Suncream

das Mückenspray

moth sprey

der Sonnenschirm

umbrella

der Sonnenhut

sun hat

die Sonnenbrille

sun glasses

die Wüste

desert

das Frisbee®

frisbee

der See

lake

der Fluss

river

das Kanu

kanu

angeln

fishing

das Schlauchboot

raft

der Rettungsring

saveing ring

die Schwimmweste

swimming vest

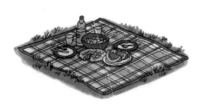

das Picknick

picknich

die Burg

Castle

die Berge

_____

die Seilbahn

_____

wandern

walking

klettern

climbing

mountainbiken

das Zelt

mountainbike

tent

der Schlafsack

die Taschenlampe

Ski fahren

Schlitten fahren

der Baum

der Wald

reiten

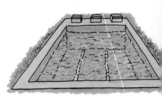

das Schwimmbad

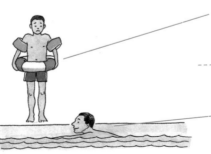

der Nichtschwimm

der Schwimmer

18

die Schwimmflügel

die Sporttasche

das Yoga

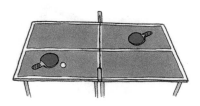

Tischtennis spielen

Tennis spielen

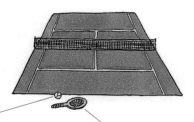

der Tennisball

der Tennisschläger

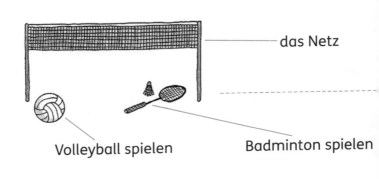

das Netz

Volleyball spielen

Badminton spielen

Basketball spielen

der Fußball

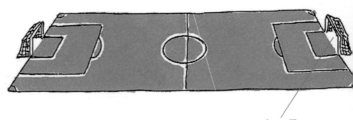

Fußball spielen

das Tor

das Stadion

Boule spielen

Billard spielen

Kicker spielen

Schach spielen

Mancala spielen

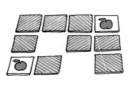

Memory® spielen

seilspringen

der Spielplatz

die Schaukel

die Rutsche

der Sandkasten

Verstecken spielen

das Konzert

leise

laut

der Chor

die Geige

die Flöte

die Trommel

das Klavier

die Gitarre

der Zoo

das Museum

das Theater

das Kino

die Disco

tanzen

der CD-Player

das Radio

der MP3-Player

der Fotoapparat

das Foto

die Videokamera

die Zeitung

die Zeitschrift

die Speicherkarte

das Ladegerät

der Akku

die Batterien

das Restaurant

die Speisekarte

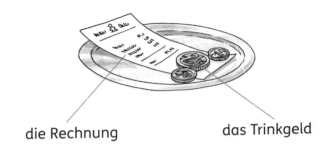

die Rechnung

das Trinkgeld

das Café

die Bar

die Wasserpfeife

die Zigarette

die Zigarre

der Tabak

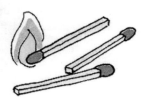

das Streichholz

das Feuerzeug

die Erzieherin

der Kindergarten

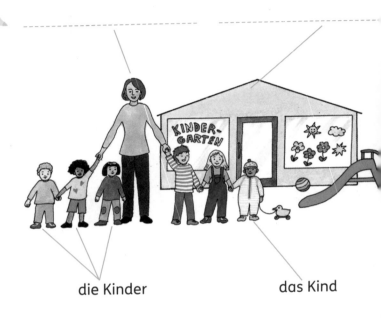

die Kinder

das Kind

die Schule

das Klassenzimmer

der Unterricht

der Lehrer

das Mädchen

der Junge

die Uhr

die Pause

essen

die Kreide

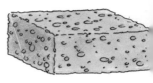

der Schwamm

der Schulranzen

das Heft

das Buch

der Bleistift

spitz/stumpf

der Füller

der Kugelschreiber

die Buntstifte

die Wasserfarben

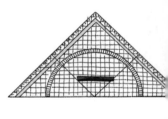

das Geodreieck

das Lineal

die Turnhalle

die Sportkleidung

der Turnbeutel das Sportshirt

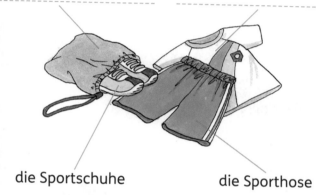

die Sportschuhe die Sporthose

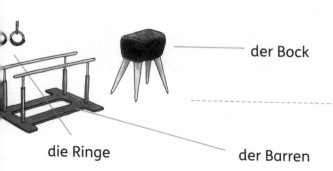

der Bock

die Ringe der Barren

die Trinkflasche

die Brotdose

die Nachhilfe

der Schüler   erklären

der Pausenhof

das Zeugnis

der Sprachkurs

die Tafel

sprechen

die Lehrerin

der Berufsabschluss

----

der Studienabschluss

der Mechaniker

der Abschleppwagen

die Autowerkstatt

die Ölkanne

die Autobatterie

der Reifendruck

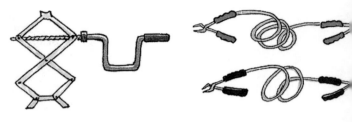

der Wagenheber

das Überbrückungskab

die Reinigungskraft

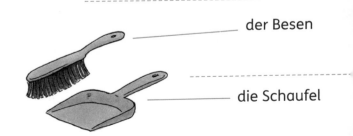

der Besen

die Schaufel

der Eimer

der Lappen

der Wischmopp

der Besen

der Schwamm

der Staubsauger

der Kellner

die Kellnerin

der Koch

die Köchin

der Barbier

der Friseur

die Friseurin

die kurzen Haare

die langen Haare

die Locken

der Zopf

der Pferdeschwanz

der Maurer

die Mauer

der Stoff

die Nähmaschine

der Schneider

die Schneiderin

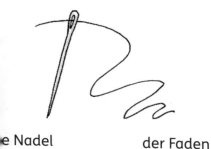

e Nadel

der Faden

der Knopf

die Sicherheitsnadel

die Schere

das Taschenmesser

das Klebeband

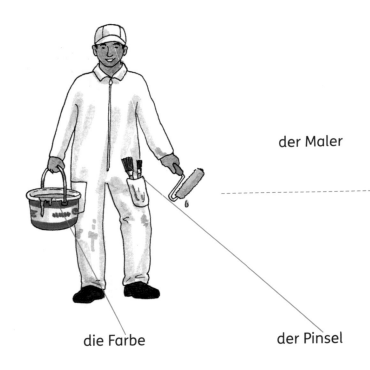

der Maler

die Farbe

der Pinsel

die Leiter

der Hammer

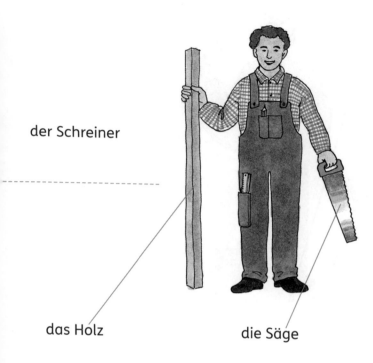

der Schreiner

das Holz

die Säge

der Nagel

die Zange

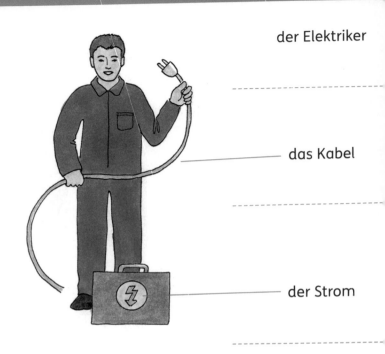

der Elektriker

_____

das Kabel

_____

der Strom

_____

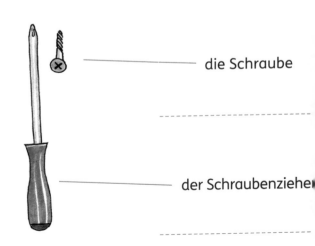

die Schraube

_____

der Schraubenzieher

_____

der Helm

die Schaufel

der Bauarbeiter

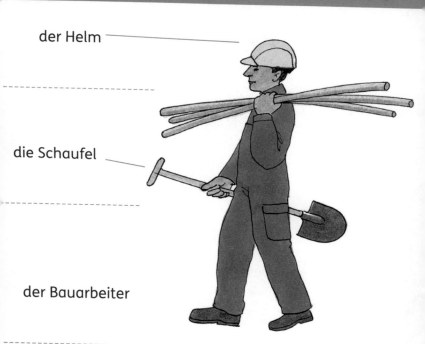

die Säge

die Bohrmaschine

der Arzt

die Ärztin

die Infusion

der Patient

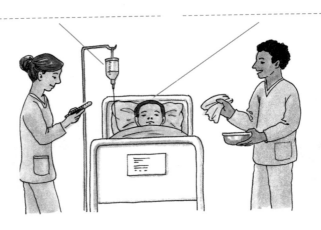

die Krankenschwester

der Krankenpfleger

das Büro

der Computer

der Angestellte

der Bürostuhl

der Schreibtisch

die Arbeitsagentur

der Regen

der Schnee

der Hagel

die Sonne

das Gewitter

der Wind

Es ist warm.

Es ist kalt.

schwitzen

frieren

Viertel nach zwölf

halb eins

Viertel vor eins

ein Uhr

rund um die Uhr

 die Uhr

morgens

mittags

abends

nachts

1	2	3
eins	zwei	drei

4	5	6
vier	fünf	sechs

7	8	9
sieben	acht	neun

10

zehn

11

elf

12

zwölf

13

dreizehn

14

vierzehn

15

fünfzehn

16

sechzehn

17

siebzehn

18

achtzehn

19

neunzehn

20

zwanzig

30

dreißig

40
vierzig

50
fünfzig

60
sechzig

70
siebzig

80
achtzig

90
neunzig

100

hundert

1000

tausend

---

10 000

zehntausend

---

100 000

hunderttausend

---

1 000 000

eine Million

Dänemark

Ostsee

Nordsee

Sylt

Flensburg

Kiel

Fehmarn

Rügen

Helgoland
(zu Schleswig-Holstein)

Schleswig-
Holstein

Rostock

Mecklenburg-
Vorpommern

Bremerhaven
(zu Bremen)

Hamburg

Schwerin

Stettin
(Szczecin)

Groningen

Oldenburg

Hamburg

Bremen
Bremen

erlande

Niedersachsen

Brandenburg

Polen

wolle

Osnabrück

Hannover

Braunschweig

Sachsen-

Potsdam

Berlin

Berlin

Münster

Magdeburg

Nordrhein-

Deutschland

Anhalt

Cottbus

Essen Dortmund

Duisburg

Westfalen

Halle

Leipzig

Düsseldorf

Kassel

Dresden

Köln

Hessen

Erfurt

Jena

Chemnitz

Sachsen

Gießen

Thüringen

heinland-

Wiesbaden Frankfurt

Prag
(Praha)

Pfalz

Mainz

Eger (Cheb)

Tschechische

Trier

Darmstadt

Würzburg

Bayreuth

Pilsen (Plzeň)

kemburg

Saarland
Saarbrücken

Nürnberg

Republik

Karlsruhe

Baden-

Stuttgart

Bayern

Regensburg

Budweis
(České Budějovice)

nkreich

Straßburg
(Strasbourg)

Tübingen

Augsburg

Linz

Württemberg

Colmar

Freiburg

Bodensee

München

Salzburg

lfort

Basel

Zürich

Bregenz

Vaduz
Liechtenstein

Innsbruck

Österreich

Schweiz

ab 1 : 5 500 000

50 100 150 km

Italien

© westermann

Reykjavík
Island

Europäisches
Nordmeer

Färöer
(Dän.)

Norwegen

Schw

Atlantischer

Ozean

Orkney-
Inseln

Shetland-
Inseln

Oslo

Sto

Nordirland

Irland   Dublin

Vereinigtes
Königreich
Großbritannien

Nordsee

Dänemark

Kopenhagen

O

London

Niederlande

Amsterdam

Berlin

P

Kanalinseln
(G.-B.)

Der Kanal

Brüssel

Deutschland

Belgien

Paris

Lux. Luxemburg

Prag
Tschechische
Republik

EUROPA

Bern Liechtenstein
Schweiz Vaduz

Wien

Österreich

U

Frankreich

Slowenien
Ljubljana

Kroatien

Zagr

Portugal

Andorra

Monaco

San
Marino

Bosn
Herzego
Sarajev

Lissabon

Madrid

Korsika

Italien

Monte
Podg

Spanien

Rom

Vatikanstadt

Adriatisches Mee

Gibraltar
(G.-B.)

Balearen

Sardinien

Tyrrhenisches

Ceuta
(Spanien)

Meer

Rabat

Melilla
(Spanien)

Algier

Sizilien

Ioni
Me

Tunis
Tunesien

Valletta
Malta

Marokko

Algerien

Mit

Barentssee

Maßstab 1 : 24 000 000
0   200   400   600 km

Russland

land

and

ttland

en
nius

Minsk

Brussland
larus)

Kiew

Ukraine

Moldau
Kischinau

nien

rest

arien

en

Kasachstan

Usbekistan

Turkmenistan

Krim
(von Russland
kontrolliert)

Schwarzes Meer

Moskau

Tiflis

Georgien

Baku

Aserbaidschan

Armenien
Jerewan

Kaspisches Meer

Ankara

Türkei

Teheran

Iran

hes

chen
nd

Kreta

Nikosia

Zypern

Libanon
Beirut

Syrien

Damaskus

Bagdad

Irak

Kuwait

Kuwait-Stadt

m   e   e   r

Israel

Amman **Jordanien**

Atlantischer

Ozean

Island

Jan Mayen
(Norw.)

Grönland
(mit Dänemark
assoziiert)

Irland

Faröer
(Dänemark)

Spitzbergen
(Norw.)

Bären-I.
(Norw.)

Norwegen

Barentssee

Portugal

Vereinigtes
Königreich
Großbritannien

Schweden

Nowaja
Semlja

Spanien

Frankreich

Deutsch-
land

Finnland

Marokko

Polen

Weißrussland

Russland

Ungarn

Moskau

Tunesien

Italien

Rumänien

Ukraine

A S

Algerien

Malta

Bulgarien

Krim

Astana

Griechenland

Ankara

Kasachstan

Türkei

Georgien

Tiflis

Libyen

Zypern

Armenien

Jerewan

Aser-
baidschan

Niger

Libanon

Beirut

Syrien

Baku

Bischkek

Israel

Damaskus

Usbekistan

Taschkent

Kirgisista

Jerusalem

Amman

Bagdad

Turkmenistan

Duschanbe

Ägypten

Jordanien

Irak

Teheran

Aşgabat

Tadschikista

Iran

Afghanistan

Tschad

Kabul

Islamabad

Saudi-
Arabien

Kuwait

Sudan

Bahrain

Pakistan

Ne

Zentral-
afrikanische
Republik

Riad

Katar

Abu Dhabi

Neu-Delhi

Kathni

Eritrea

V.A.E.

Maskat

Süd-
sudan

Sana

Jemen

Oman

Indien

D.R.
Kongo

Äthiopien

Dschibuti

Sokotra
(Jemen)

Bar

Uganda

Ruanda

Kenia

Somalia

Lakkadiven
(Indien)

Burundi

Tansania

Colombo

Indischer

Sri Lan

Malé

Sambia

Malawi

Victoria

Mal**ediven**

Ozea

Simbabwe

Komoren

Seychellen

Botsuana

Moroni

Mayotte
(Fr.)

Madagaskar

Cargados-Carajos-
Inseln (Mauritius)

Chagos-Archipel
(G.-B.)

Diego Garcia
(G.-B.)

Mosambik

Alaska
(Bundesstaat
der USA)

Aleuten

Maßstab 1 : 60 000 000
0 500 1000 1500 2000 km

P a z i f i s c h e r

Kurilen

*(von Japan
beansprucht)*

O z e a n

N

Ulan Bator

golei

Nordkorea
Pjöngjang

Tokio

Marcus-I.
(Jap.)

Peking

Seoul

Südkorea

Japan

Bonin-In.
(Jap.)

Vulkan-In.

ina

Nansei-In.
(Jap.)

Nördliche
Marianen
(USA)

Taipeh

Taiwan

Guam
(USA)

Mikronesien

Hanoi

Philippinen

mar **Laos**
Vientiane

Manila

Melekeok

Thailand
Bangkok

Vietnam

Palau

**Papua-
Neuguinea**

Kambodscha

Phnom
Penh

Bandar Seri
Begawan
Brunei

en

Malaysia

ren

Port
Moresby

Kuala
Lumpur

Singapur

I n d o n e s i e n

Jakarta

Timor-Leste
Dili

Australien

© *westermann*

Europäisches
Nordmeer

Island

Färöer
(Dän.)

Norwegen   Schweden

Finnland

Russland

Vereintes
Königreich
Großbritannien
Nordirland

Estland
Lettland
Litauen

Kasach

Dänemark

Niederlande

Deutschland

Polen

Weißrussland

Irland

Belgien

Tsch.
Republik

Ukraine

Atlantischer
Ozean

Frankreich
Schweiz

Österreich
Ungarn
Slow.

Slowakei

Moldau

Portugal   Spanien

Italien

Kroatien
Serbien

Rumänien

Bulgarien

Georgien   Aserbaidschan

Albanien

Armenien

Algier

Tunis

Griechenland

Türkei

Madeira
(Port.)

Rabat

Marokko

Tunesien

Malta

Mittelmeer

Zypern

Libanon

Syrien

Irak

Kuwa

Kanarische
Inseln (Span.)

Tripolis

Israel

Jordanien

Bahra

El-Aaiún

Kairo

Sahara
(von Marokko
besetzt)

Algerien

Libyen

Ägypten

Saudi-Arabien

Mauretanien

Nouakchott

Dakar

Senegal

Gambia

anjul

Bissau

Guinea-Bissau

Kindia

Mali

A F R I K A

Niger

Tschad

Eritrea

Asmara

Jemer

Rotes Meer

Bamako

Ouagadougou

Niamey

N'Djamena

Sudan

Khartum

Dschibuti

Dschib

Burkina Faso

Guinea

Sierra
Leone

Freetown

Benin

Nigeria

Yamoussokro

Togo

Abuja

Addis Abeba

So

Ghana

Porto Novo

Äthiopien

Monrovia

Liberia

Côte
d'Ivoire

Accra

Lomé

Kamerun

Malabo

Jaunde

Zentralafrikanische
Republik

Bangui

Südsudan

Juba

Äquatorialguinea

São Tomé

São Tomé u. Príncipe

Libreville

Gabun

Kongo

D. R.
Kongo

Uganda

Kampala

Kenia

Mo

Brazzaville

Ruanda

Kigali

Nairobi

Ascension
(G.-B.)

Cabinda
(zu Angola)

Kinshasa

Burundi

Bujumbura

Dodoma

Indis
Oze

St. Helena
(G.-B.)

Luanda

Tansania

Se

Angola

Sambia

Malawi

Lilongwe

Komoren

Moroni

Mayotte
(Fr.)

Lusaka

Harare

Atlantischer
Ozean

Namibia

Botsuana

Simbabwe

Mosambik

Antanan

Windhuk

Gaborone

Pretoria

Maputo

Madagas

Mbabane

Swasiland

Maßstab 1 : 68 000 000

Maseru

Lesotho

0   500   1000   1500   2000 km

Südafrika

Kapstadt

© west

25 Wörterverzeichnis

I

ich 29
impfen 102
Information 19
Informations-
    schalter 19
Infusion 156
Ingwer 76
Innereien 82
Internetcafé 113

J

Ja 31
Jacke 84
Jackett 85
Jeans 84
Joghurt 43
jüdisch 117
Junge 137
Juwelier 39

K

Kabel 154
Kaffee 54
Kakao 55
Kalb 77
kalt 159
kaltes Wasser 8
Kamm 95
Kaninchen 78
Kanu 121
Kappe 86
kaputt 7
Karaffe 53
kariert 92
Karotte 72
Kartoffel 70
Käse 44
kaufen 36
kein … 78
kein Trinkwasser 8

Keks 52
Kellner 148
Kellnerin 148
Ketchup 64
Kichererbsen 75
Kicker 127
Kidneybohnen 75
Kimono 85
Kind 136
Kinder 136
Kinderärztin 107
Kindergarten 136
Kindersitz 21
Kinderwagen 23
Kino 131
Kirche 116
Kirsche 65
Kiwi 67
Klassenzimmer 136
Klavier 130
Klebeband 151
Kleid 83
Kleiderbügel 10
Kleiderkammer 89
klein 27
klettern 122
Klimaanlage 14
Knäckebrot 46
Knie 98
Kniekehle 99
Knoblauch 73
Knopf 151
Koch 148
kochen 62
Köchin 148
Kochlöffel 59
Koffer 18
Köfte 51
Kokosnuss 68
Kondom 95
Konsulat 111
Kontaktlinse 97

Kontaktlinsen-
    lösung 97
Konzert 129
Kopf 98
Kopfkissen 6
Kopftuch 86
Koran 117
Korkenzieher 61
Körper 98
Krankenhaus 108
Krankenpfleger 156
Krankenschwester
Krankenwagen 108
Krawatte 85
Krebs 80
Kreditkarte 33
Kreide 138
Kreisverkehr 24
Krücken 106
Kuchen 51
Kugelschreiber 140
Kühlschrank 13
Kürbis 72
kurze Hose 84
kurze Haare 149
Kuscheltier 41

L

Ladegerät 133
Ladekabel 112
Lamm 77
Lampe 12
Landkarte 26
lange Haare 149
Lappen 147
Laptop 113
Lauch 73
Lauchzwiebel 73
laut 129
Leber 82, 100
leerer Akku 112
Lehrer 137